谷　五佐夫

自伝的歴史考察

間（たいざ）人考

間人考　目次

I

制作補助：荻野 冨紗子
挿絵担当：谷 美巴子

I

1　間人と丹後

京都府の北部には日本海にゆるく湾曲して突き出た半島がある。この半島は丹後半島といわれるが、その先端近くに『**間人**』と書いて『**たいざ**』と呼ばれている町がある。

この町は、明治の頃には間人村と呼ばれ、大正の中頃に間人町になったが、その後、町村合併などで丹後町になり、現在では、京丹後市の一部となって

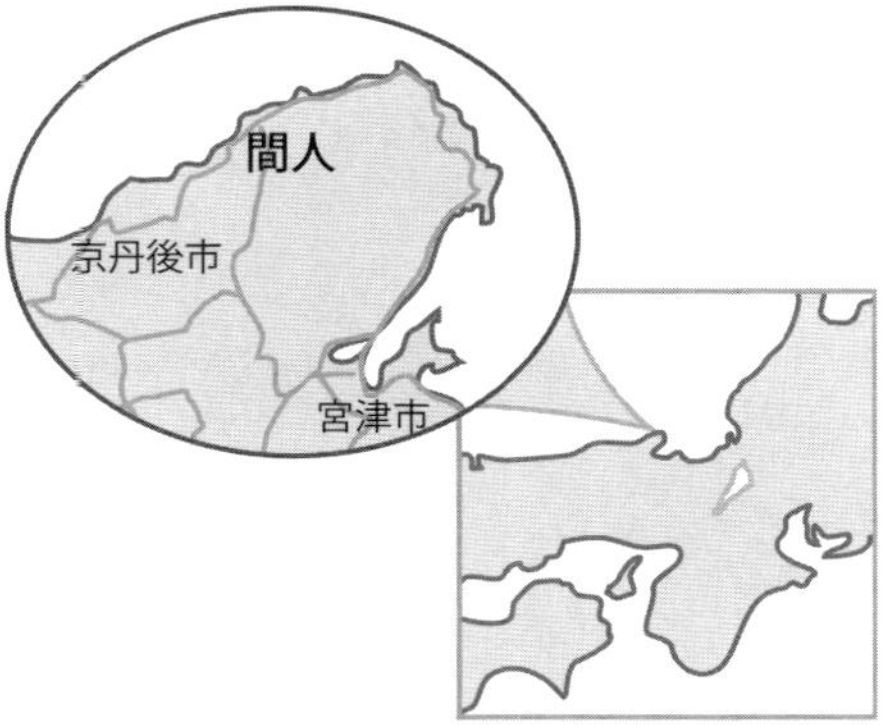

いる。

海岸線は、どこでも、その土地なりに美しいが、この土地では、特に冬には、北風が一晩中吹きすさび、雪がふりしきることが多いため、春先の海が美しく、人をうっとりさせるものを持っている。この土地は、それほど変わった風情を多く持っているわけではないが、昭和の初め頃の、漁業と縮緬《ちりめん》生産業が盛んであった頃は、結構、田舎としては活気のある時期もあった〔註1〕。しかし、女性が縮緬を着なくなり、その生産が勢いをなくしてからは、街も活気を失った。ただ、いまでは、日本海から揚がるずわいがにが、タイザガニの名で呼ばれてその評価を高め、販売価格も高まっているものの、大阪・京都あたりでは大いに珍重されている。

2　丹後の歴史

（1）丹後の分国［註2］

ところで、間人を含む丹後の歴史は古く、奈良時代には、丹波の一部であったものが、和銅六年（西暦七一三）に、勅命によって、加佐、与佐、丹波（今の中郡）、竹野（間人はこの郡の中の一部である。）、熊野五郡を割いて、丹後がつくられた。

《上古からこの地方は名門によって治められ、有力者が、国造《くにのみやつこ》及び県主《あがたぬし》となって、分割領地していた。丹波大県主由碁理《たにはおおあがたぬしゆごり》、および丹波道主命《みちぬしのみこと》をはじめ、その後裔《こうえい》は皇室との姻戚《いんせき》関係に結ばれ、開化《かいか》・崇神《すじん》・垂仁《すいにん》・景行《けいこう》、成務《せいむ》朝は特にこの地方との関係が深かった》（『丹後町史』丹後町発行 p76〜77 以下書名を『町史』という。）。

（2）屯倉《みやけ》の設置【註3】

天皇・皇后の敬称は、わが国では、天武天皇の時代からは使われているが、それまでは、使われていなかった。この考察においては、記載の内、皇室に関する部分は、殆ど天武朝より前のものに属する事項であるので、天皇は大王といい、その后は太后と呼ぶことにする。

朝廷は継体大王の次の安閑大王の頃から屯倉の設置を始めている。屯倉とは、大王または朝廷の所有地である土地の収穫物を収めるために蔵を置き、そこを中心に土地の経営・管理を行い、全国の、要所、要所に朝廷の出先機関が置かれたものである。二五代武烈大王の後、継体・安閑・宣化・欽明の頃の各大王は、中央集権を図るため、直轄領屯倉の郷を増やした。とくに朝廷の直轄領の多い丹後地方にも、この屯倉が多く置かれたかもしれないと考えられている。

(3) 力強い経済圏

丹後町史の沿革の中に外交と交易の項があるが、大陸や列島との交易は、四世紀末頃から行われ、貢物の交換が毎年取り交わされ、其の上、多くの渡来人が大陸からやってきた。そして渡来人が農業技術、工芸技術などをふるって優れた文化を我が国にもたらした。中国や半島の文化は当時、表日本であった日本海側の九州海岸・出雲地方・丹波・丹後沿岸に伝えられたという(『町史』p87)。半島から列島に渡来する人の数も多く、一年に平均一〇〇〇人以上の人が渡来したと計算する人もいるくらいであるという（白﨑昭一郎『継体天皇の実像』p70　以下書名を『継体実像』という）。

以上のような状況で、伴とし子先生が『古代丹後王国は、あった』の序説のなかで述べられているようにまさに古代丹後王国はあったのである。

（4）大和との結びつき

以上のような情勢からしても、先進的な丹後と政治的に強い大和は古くから、かなり強く経済的・政治的にも結びついていたのではないかと考えられている（『町史』p82）。

3 丹後と伝説［註4］

丹後地方には、伝説もある。伝説が多いということは、その土地に記録して残すべき事項がある個性のある土地ということであり、その土地に特殊な事象が起き、変化の多い面白い地方であるということであろう。

（1）天橋立伝説

丹後の国の風土記に言うとして、現代文で記すと「与謝の郡の郡役所の東北隅の方向に速石《はやし》の里があり、この里の海に長く突き出た大きな岬がある。前の方の突出部を天の橋立と名付け、後の方を久志の浜と名付ける。そう言うわけは、国を生んだ伊射奈芸命《いざなぎのみこと》が天に通う梯子《はしご》を作ったが、命《みこと》が眠っている間にその梯子が倒れ伏した。不思議に思われたので久志備《くしび》の浜というようになった。」というのである（鬼塚史朗『歴史と伝説の里・丹後』p160 以下書名を『伝説・丹後』という）。

（2）羽衣伝説

羽衣伝説では、美保の松原のものが有名だが、少し悲劇的ながら、丹後にも羽衣伝説はある。そして、丹後のものの方がより原初的だとも言われている。

丹後に比治《ひじ》の里というところがあり、そこに比治山という山がある。その頂上に池があってこれを真奈井と言っていた。ここに、八人の天女が天から下りてきて水あみをしていたところ、近所の老夫婦が一人の天女の着物を隠した。隠された天女は、夫婦の家に連れて行かれたが、彼女が噛《か》んで作る酒を飲むと万病が治るというようなことで、酒がよく売れ、夫婦の家は金持ちになった。金持ちになると、老父は無情にも、天女に、お前は私たちの子ではないが、ただこの家に住まわせただけであり、今になっては、出て行ってくれと、天女を家から追い払った。天女は途方に暮れた。しかし、その天女は丹後地方を渡り歩いて最後に奈具志という心安らぐ土地に住み着き、亡くなったという（鬼塚『伝説・丹後』p147）。

三保の松原の方はやはり衣を隠されるが、天女は男と夫婦となり後に天空に帰って行ったことになっており、丹後の天女よりいくらか幸せが多くあったようにも見ることができるが、丹後の話の方がより現実味があるようであり、しかも、天女のその後の生活を見てくれた人もあったということであり、人に想い遣りがあったというふうにも考えられる。丹後には厳しさの中に優しさもあるとみることができる。

（3）浦島伝説

この伝説は、丹後のもので、同じ丹後半島の東側の地区となる与謝郡筒川というところの話である（鬼塚『伝説・丹後』p115）。「漁師の浦島太郎が助けた亀につれられて竜宮城に行って乙姫に歓迎されたが、故郷を思い戻して筒川に帰ってみると三〇〇年の月日が経っていた。」という話である。

《古代、海とは日本海のことであり、丹後は日本の玄関口で、人も文化も丹後の海から日本にもたらされていた。》とまで『伝説・丹後』の著者鬼塚史朗先生は言われる（鬼塚『伝説・丹後』p114）。そして、先生は小学校教科書・風土記・万葉集・日本書紀・古事記等に書かれているウラシマ伝説を細かく分析しておられ、大陸文化を丹後が日本で真っ先に取り入れ育んだといわれる。卓見というべきであろう（鬼塚『伝説・丹後』p114）。

（4）大江山伝説

さらに、大江山伝説も丹後地方のものだ。酒呑童子の伝説と一体で語られることが多い（鬼塚『伝説・丹後』p276）。

私は、大阪府庁に勤め始めた昭和三〇年頃の可なり若い時に、何から得た知識であったか忘れたが、岐阜県出身の友人に、「大江山伝説の話は、おそらく日本海で航海していた青い目、赤い毛の人達が乗った船が丹後半島の沖で難破でもして、乗っていた人達が大江山に近い海岸にたどり着いたが、里にいては地元の人に襲われたりするというので、高い山の方へ高い山の方へとあがってゆき、遂には大江山に至り、砦を築いたのではないか、と思う。」と得意げに話したところ、「それは間違いなくそうだ。」と太鼓判のような同意をしてくれた。

(5) その他の伝説

これらのほかにも丹後半島の近くにある冠島という可なり大きな島が一夜で海中に沈んだ等の伝説もある（鬼塚『伝説・丹後』p62）。

4 丹後の古墳［註5］

更に、丹後地方には、網野というところの銚子山古墳と、間人に神明山古墳の二大前方後円墳がある。銚子山古墳は、全長一九八メートル、後円部径一一六メートル、高さ一六メートル、前方部幅七五メートル高さ一〇メートル、神明山古墳は、全長一九〇メートル、後円部径一二九メートル、高さ二六メートル、前方部幅七八メートル、高さ一五メートル（平良泰久 他『日本の古代遺跡―京都』p77銚子山、p71神明山　以下書名を『古代遺跡―京都』という）である。この二つの古墳の規模は日本海側の前方後円墳としては最大といわれている。そのようなことからも、丹後地方は、これらの古墳が築造された時期に強い経済力に支えられた大きな政治権力である「古代丹後王国」が現れた地方であったのではないかと言われている（『古代遺跡―京都』p78）。

なぜか、丹後には、ほかにも数えきれないほどの古墳があるが、日本海側で規模二番目という神明山古墳は発掘による調査がほとんどなされていないように見受けられる。この古墳を含めた丹後地方の古墳の検証がより丁寧になされれば、この地域の歴史がより明確になると考えられるがどうであろうか。

「神明山古墳の跡に立つ」

5 海部氏系図及び間人郷木簡

(1) 海部氏系図《あまべうじけいず》［註6］

また、丹後には、日本三景の一つとして有名な天の橋立があるが、その天の橋立に近い位置にある籠《こ》ノ神社《じんじゃ》には海部系図という古代養老三年（七一九年）からの籠ノ神社の神主である海部氏の系図がある。この系図の中に、海部氏は現在の皇室とも近い血縁関係にあると記されている。この系図が公開されたのが平成四年であり、現在では、まだ学会での検討の期間も浅く、研究が不十分であると考えられるが、価値ある資料である。まず、第一に、この系図は《巻子装で、紙は楮紙五紙を継いで竪《たて》に使い、中央に淡墨の罫一線に歴代の人名が記載されているが、重要なことは、各人名の上方部には「丹後／国印」の朱色の四角い印がひとつずつ押されている》。本系図は《単なる私的な系図ではなく、公に認められた》神主の名義の系図であり、丹後の歴史をひもとくことにおいても、歴史的資料として大切なものである（伴とし子『古代丹後王国は、あった』p101）。今後の検証により日本列島の歴史解明に大いに役立つであろうことは明らかである。

（2）間人郷木簡

また、《最近になって府立丹後資料館から、（…）貴重な資料が提供されたのである。それは発掘調査中であった奈良平城宮跡東南隅、大路雨落の溝から昭和四十年に発見された物件である》。昔の間人から奈良の都に貢進物が送られたときの《梱包の荷札、すなわち木簡》である。その木簡には、「丹後国竹野郡間人郷土師部乙山中男作物海藻六斤」と墨書されており、この木簡によりいろいろのことが、歴史的に証明されており、送付の時期等関連事項が明確に証明されている。その歴史的証明力が大いに評価されている木簡である。《今から千二百年余前の『木簡』に、墨色鮮やかに、間人と二文字が記されていたのである。ゆかり深い「間人」の地名は古くから存在したことは確かである》（『町史』p210～211）。

Ⅱ

6 海と私

私は、物心ついた後の昭和一〇年頃から以降には、春の終わりから九月頃まではほとんど海を見て、日本海と戯れながら育ったといっても誤りではない。春、秋の間でも、母に連れられて、海苔《のり》採りに海辺へいったり、兄に連れられて魚釣りにもいった。夏は、近所の悪童と一緒に、サザエ取りや魚釣り等の海遊びに熱中した。そのような海遊びの中で先輩の人たちにいろいろ教えられたこともある。先輩に、海辺で、「ちょっと背伸びしてみ。そしたら水平線のところにシベリヤがみえるで。」といわれ、先輩に弄ばれていることとも知らないで必死で背伸びをしたりした。しかし、水平線の向こうにはシベリヤが見えたわけではなかったが、その方向に、シベリヤという所があるのかということと、それがどんな所かということに、好奇心をそそられた。

朝鮮や満州という所もあることは、その頃に、兄か先輩に教えられた気がする。

このようにして海の向こうにいろいろな想像をはせるようにして育っていったと思う。

「墓地の高台より後ヶ浜方面を望む」

7 半島と父

私は、小学校に入るか入らないくらいの時に、何か妙に違和感をもつ光景を見た。

私の家は、その当時、田舎によくあった、食料品を中心にして、衣類を除き、その辺りで日常に必要なものを、ほとんどどんな物でも売っている小売商店を営んでいた。酒も売っており、労務者の人が夕方の仕事帰りにグラスに一杯二杯くらいの酒を立ち飲みして居た。

その日は、かなり身形《みなり》の悪い人が、店で立飲みをしていたが、間が悪く、その当時、父が自ら勤めていた町の収入役の仕事で出かけていたのが、急に帰ってきた。

父は、いきなり、その客の腕を引っ張って、店の外に追い出してしまった。客は怒って、まだ酒が残っているのにというようなことを言っていたが、父の剣幕に驚いて、やむを得ず渋々帰っていった。母は折角の客だのにと父に不平を言っていたが、どうにもならなかった。そのときは、私は何が起こったかということの意味がわからなかったが、後で聞いた母の説明で、あの人は朝鮮の人で、お父さんが大嫌いな種類の人だから、店からその客を追い出すようなことをしたということが分った。しかし、そのときのことは、幼な心にしても、何か父が間違ったことをしていたような割切れない気持ちが残った。

その後、父は陸軍騎兵一等兵で、日露戦争のとき満州に出征し、功七級の金鵄勲章をもらったのが自慢の人であったらしいことが分るにつれ、軍人が国粋主義的な考え方から、韓国の人を軽視しているということが分るまでには相当の時間を要した。

父が生き返って、私が今では韓国の人を親類のように考えていることを知ったら、どのようなことになっていたであろうか。私にとっては、父と私の対決は、すこし面白い光景であるようにも考えられる。私は少し勉強したことを材料に、韓国と日本の地理的関係や歴史的関係を述べて、私の主張をとおす努力をするのに、父が、どのように反論してくるかは今ならおおよそ予想できる。

「城島の漁村の民家」

8　歴史学への興味

私達が教育を受けた時代、小学校から大学を卒業した時代、すなわち、昭和一五年頃から昭和三〇年頃までは、学制がころころ変り、世界観、教育理念等の激しい変動を強いられた時代であった。それだけにまだ子供を脱出していない私達には、学制がころころ替わるにつれ、何か変わってきているが、どうしてだろうと感じるだけで、何をどう考えたらよいのかの考えがついていけない感じであった。何だろうと考えるだけで、気持ちの不安定な状況が続いた。おそらく、先生方も、教育者的に、小学生相手では、説明が難しい時期であったのではないかと思う。

しかし、その反面，宮津中学・宮津高校の生徒時代は、恵まれていたように思う。それは、教師に恵まれたことである。戦時中の疎開、終戦後の海外からの帰還で、若い優秀な先生が生まれ育った地方である宮津に帰ってこられ、中学、高校で教鞭をとられていたように思う。

その中でも、特に、私が、感銘を受けたのが「エルさん」というあだ名で生徒に親しまれた高田弘先生であった。そのあだ名の謂れは、先生が宮津の学

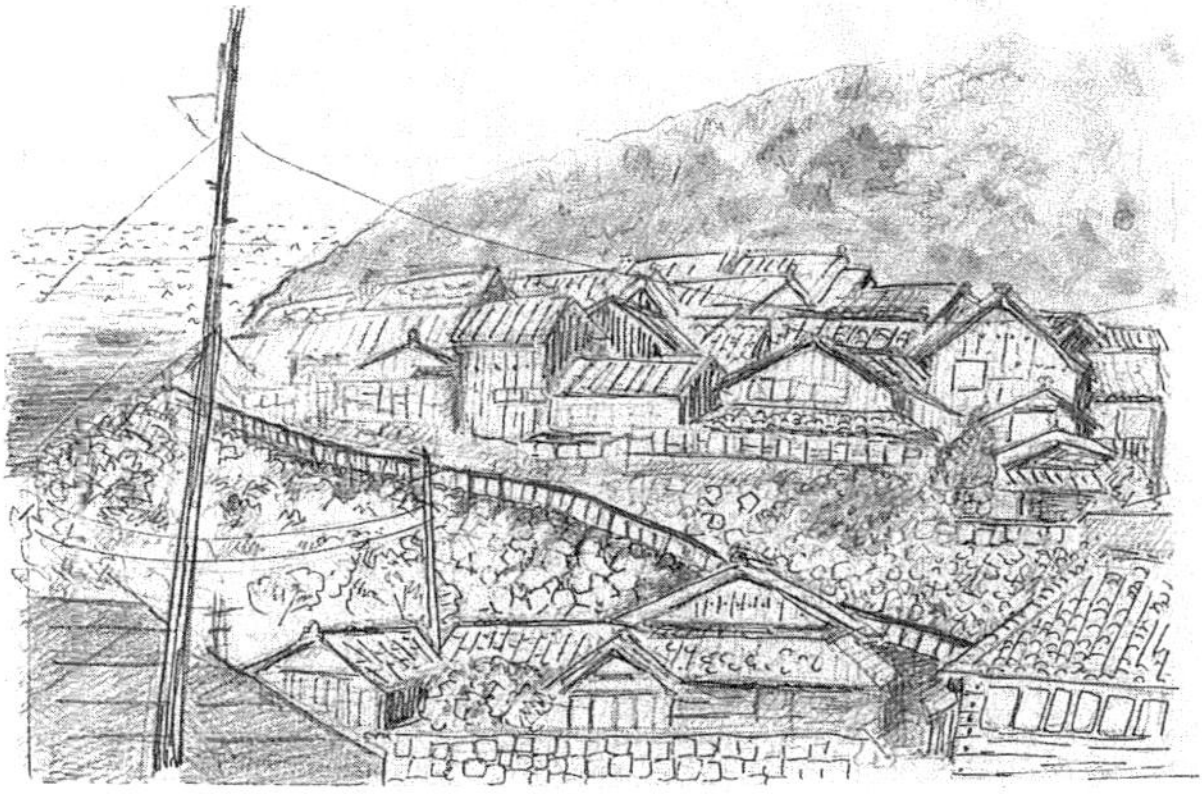

「間人漁港～後ヶ浜の坂沿いの町並み」

校の先生になってからも大学文学部の学生であることを示す「L」の字の襟章を、いつも、上着の襟につけておられたからである。宮津中学を卒業し、旧制四高を出て、京都大学文学部で西洋史学を学ばれた先生であるということであったが、先生が産業革命のことを話されたときは感動した。イギリスの土地制度のなかでの囲い込み運動から生まれた経済的な条件や、近代科学の進歩による技術革新というような条件等が相俟って産業革命が進展した話は、歴史学に何も基本的な知識がなかった私にも、先生の説明のようにいろいろな条件が集積して近代以降の社会が現代の資本主義社会に発展してきたのだということがよく分かったような気がした。

その頃、歴史といえば、ただ過去に起こったことと、その年代の年数とを、ともに覚え込むものだと考えていた私には、社会の動きをこのように説明できるのが歴史を知るということであり、歴史学はきわめて論理的で素晴しい学問であると実感したのである。そして、このことからの最大の私への贈り物は、その後の日本の経済発展の歴史も、このイギリスの例と同じようなものかを考えるようになったことである。

それを考えることが、私を歴史研究のために文学部に進学させる気持ちにさせた第一歩であった。

9 法学部への転学部

私は昭和二六年、一年の受験浪人を経て、ようやく京都大学文学部に入学した。しかし、最初のうちは、エルさん効果もあり、独・仏の外国語を選択して、西洋史学を研究するコースに進むべく準備をする姿勢をとっていたが、案外、私の周りに法学部の学生が多くいて、その人たちの話を聞いているうちにだんだんと法律関係の学科にも、興味が目覚めてきたのである。

特に、法学部の先輩から滝川幸辰先生の刑法総論の講義の中から得た話、同意殺人の高瀬舟の話〔註7〕を聞いたり、緊急避難のカルネアデスの板の話〔註8〕を聞いたりしたときは、それが、よほど私の狭い文学的な欲求を刺激したらしく、折角、それまでに、エルさんに植えつけてもらった西洋史学への憧憬の念を弱めてしまったのである。そして、結局、文学部も法学部も人間を考察する意味では同じことをやっているのだという飛躍した結論を出し、その後の生活への展望も考えて法学部に転学部をした。

10 間人史への回帰

そして、大学卒業後は、地方公務員である大阪府の職員となり、自分なりに、精神的に落ち着いたかのように思えたが、一方では司法試験を受けており、一〇年程掛かって、やっと昭和四二年に弁護士に転職した。その頃から、気持ちが、再び変ってきた。

その間の昭和三二年頃に、私は結婚をした。妻の両親は岐阜県出身であり，妻の父は当時阪大でドイツ語を教えていた教師であったが、妻は大阪で生まれ、大阪で育った人であった。妻は私とともに私の生まれ育った間人へ行くと、間人の人は皆同じ顔をしていると笑っていた。

それから、相当経った昭和四七年頃のことであったが、ある韓国人の方からその人のお父さんの名古屋での交通事故の損害賠償請求事件の処理を依頼された。その方は私よりすこし若い方であったが、東京の私立大学を出た人で、まったく、日本人と同様に日本語を話す人であった。

その人は、私の顔を見るなり「先生は韓国人です。先生は、私たち韓国人と一緒の顔をしています。」といった。私は、自分でもなんとなくそのように思っていたので、やはりそうかとは思ったものの、何食わぬ顔をして、どのような点で韓国人と一緒の顔をしているというのかと聞き返した。するとその人は、「唇が細くて、顴骨が出ていて、眼が細いというのが韓国人の特徴です。」と明確に答えました。妻も間人で見かける人の顔の特徴をそのように言っていたので、やっぱり私は、韓国人に韓国人の特徴を持っていると言われるほど、顔に、韓国人の特徴を持っているのだということを理解したし、そのとき同郷の間人の人もそのような顔をしているようだなと感じた。

その後、私は、仕事も徐々に忙しくなってきたが、忘れかけていた歴史についても、アマチュアなりに、何か面白いテーマを見つけて仕事の合間に纏めてみることを考えるようになった。

そのテーマは自分自身のルーツの一端を探る意味でも、やはり、手始めに「間人」を何故「たいざ」と読むのかの研究をしてみたかった。その底辺には、子供の時から見つめ続けてきた日本海のかなたに北の地方があるといった考え方が強くあって、其処から間人の血のつながりを知り得るのではないかと考えていたからであろうと思う。

子供の時から何気なく間人をたいざと読んできたが、このことについては、私の母も時に間人太后のことを話したし、その他の間人の多くの人も間人太后のことを考え続けているらしい話をした。初めは、浅学の私などにその話をする人たちのその上を行く考えがあろうとも思ってもみなかったが、すこし私なりに調べてみたいと考えていた。だが、調べ出してみると、思いつき程度の答えが多く、なかなか納得のいく説明に出会うことがなかった。それで、私の力で間人をタイザと読む理由を探り、解明することも郷里・間人のためにもよいことではないかと考えるようになった。

Ⅲ

11 間人地名諸説の整理

日本の地名の中には、多くの難読地名があるようであるが、間人をタイザという読み方をする間人の地名は、日本でも最も難解であるといわれ、古くから多くの人がいろいろな説明をしている。それを先ず整理してみた。然しその中で、私自身の不十分な学力ではなかなかこれだという確信に至らず、研究が中途半端なままにどんどんと年が過ぎて行った。

そして、それらの先輩乃至先生の考え方もまた、おおよそ次に掲げるとおりであって十分納得できるものであるとは言い難いものであった。

(1) 泥部《はしひと》説　吉田茂樹説

「たいざ〈間人〉京都府丹後町の地名。平安前期（和名抄）に〈間人郷《はしひと》〉で見え、室町期に「田伊佐津」で見えるが、「間人」と書いて「タイザ」とも読んできた。本来は「タイソ（手磯）の意で漁民が磯浜で海藻や魚介類を採取していた地をいう。この地が古代の間人郷の一部であったので、このまま「間人」の字を用いて「タイザ」と読んでいる。「間人」とは「ハシヒト部（泥部）」という上古の職業部で、古墳の造成に従事した人をいう。北丹後の大古墳と関係するであろう」といわれる（吉田茂樹『日本地名大事典 コンパクト版（下）せ～わ』新人物往来社ｐ21）。

(2) 河口部の狭い水田説　古川愛鉄説

「日本海に突き出した、京都府京丹後町にある土地である。付近にキャンプ場などもあるので関西の人はご存知に違いない。間人と書いてタイザと読む。この地は急峻な山にかこまれ、その谷から流れ出る河の河口部に狭い水田があるので、「タイ（田居）サ（狭）」という地名だった。同時に良質な粘土も取れ、埴輪作りの土師氏が移住した、都でも知られる地である。埴輪作りの工人は土師人〈ハジヒト〉とも間人〈ハシヒト〉とも書かれたので、「「はしひと（間人）のたいざ」という枕詞が生まれ、古歌にも詠まれた。やがて「間人」の文字と『間人』の地名が合体、漢字を見てもとても読めない地名となった。」古川説の説明では、その最後に冗談のように、「かまへんか？」「だんない、だんない」（「かまわないか？」「かまわない」、「かまわない」）と間人弁で書かれている（古川愛哲『この地名の漢字が読めますか?』講談社α文庫 p231）。

（3）出雲大社説　八木康敞説［註9］

タイザの婆達の言葉では、「間人」「タイジャ」をタイザとよばず、「テエジャ」といった。

《出雲大社の門前に散所（著者注：京都府与謝郡加悦町の地名）に通じる産所があるように、間人の「たいじゃ」は「出雲大社たいじゃ」に通じているとも想像しうる》といわれる（八木康敞『丹後ちりめん物語』三省堂新書p154）。

（４）たぎま説　吉田金彦説

「８世紀の日本語に土地が険しかったり、歩きにくかったりする所を、タギノとかタギマといった例があったことがわかる。そうするとタギマ（凹凸際）という普通語が、タイマ（當麻）と言う地名に用いられように、タギイサ（タギイサ凹凸磯）のつづまったタギサが、タイザ（間人）という地名に用いられるようになることも、ありうることと思われる。タギは、漁師たちが激しく手を動かして船を操ることであり、また地形・海岸の上下凸凹していることをも形容される語であって、それは日本海のこの地にまことにふさわしい。」といわれる。（吉田金彦『京都滋賀　古代地名を歩く』京都新聞社ｐ108）。

(5) アイヌ語ヒッタイト説　谷源蔵説 [註10]

《…アイヌ語でタイ(森林)、ヒット(人)であってその後、年数を経過するに従いタイヒトと訛り近世に到りタイジャとなり現今タイザと称するに至れり。》といわれる(谷源一『谷源蔵と間人民族の研究』p18)。

(6) 混血児説　澤　潔　1説

「古代朝鮮語で混血児を「タイザ」という。これはどうであろうか。」といわれる(『探訪 丹後半島の旅(上) 地名語源とその歴史伝承を尋ねて』文理閣 p88)。

(7) 滞沙説　澤　潔　2説 [註11]

また、澤先生は上記混血児説とは別にこの説を提唱される。「任那四県の一つ滞沙（たさ）を日本読みにすると間人（タイザ）になると言われる。」（『探訪 丹後半島の旅（上）地名語源とその歴史伝承を尋ねて』文理閣 p88）

（8）太后退座説　梅原猛説［註12］

《…伝承によれば、この間人《たいざ》の地は昔《むかし》の大浜《おおはま》の里であるが、ここに聖徳太子の母・間人皇后《はしひとこうごう》が世を避《さ》けて来たという。そして守屋の乱が平定されるに及《およ》んで聖徳太子のところに帰り給《たも》うたというのである。そしてその名も間人《はしひと》と書き、しかも皇后がこの場所から退座されたので、タイザとよぶというのである。間人《はしひと》と書いてタイザと読むのはふつうの読み方ではない。また間人《たいざ》という地名もまた、はなはだ奇妙《きみょう》である。私はこの鄙《ひな》びた漁村をおとずれた高貴な人、その人がしばらくいて、また都にもどった、その高貴な人の思い出がこの地名を間人《はしひと》と書かせ、それをタイザとよばしめたのではないかと思う。タイザという名は皇后がここから大和《やまと》へ退いたという意味ではなく、ここは皇后が貴い座を退いた場所であるという意味と考えたほうがよいであろう。》といわれる（梅原猛『聖徳太子I仏教の勝利』p276）。

(9) 間繋ぎ説　李寧熙説

『間人』は『日本書紀』においては「はしひと」とよまれている。「はし」（端）の義は、①物の先部分、②へリ、ふち、末端　③家の中で外に近い所　④多くの中の一部、断片　⑤物のはじめの部分　⑥物事のはじめ　⑦あいだ、どっちつかず（『古語大辞典』小学館）であるとされている。

「はし」の古音は「ぱし」。「ぱし」は古代韓国語の「パッ」「バシ」に対応する。現代語で、「バカッ」。「外」の意であるが「内」に対する「外」の概念、つまり「端」の義のうち③項に当たる語義が含まれているとされている。

したがって、「バシ（外）に「イ」「ニ」（繫ぎ）をあわせると「バシ・イ」「バシ・ニ」「外繫ぎ」または「外の者」ともなる。「間繫ぎ」にしろ「外繫ぎ」にしろ「中継人」「仲介人」の意であり、「外の者」という言葉には、「外来人」の義がある。

最近、聖徳太子については、大陸から渡ってきたという有力な説が発表されている。要するに、聖徳太子は「外来人」であったということなのである。

とすると、その母であった穴穂部間人は「外来人」であった息子あるいは一族を日本朝廷に定着させる「中継役」、要するに「外繫ぎ」だったということになる。

(10) アイヌ語タイ説　相見利嗣説

相見利嗣先生は、自分の書かれた『血塗られた大和王朝』という聖徳太子とその母間人太后を主人公とした小説の中で、昔、丹後や越の国にもアイヌがいた。アイヌは狭い傾斜地をアネタイと言い、木の多い傾斜地をニタイといった。間人の地形も山と海の間に人が挟まれている所と感じて間人としたのではないかという（相見利嗣『血ぬられた大和王朝』（株）けいせい出版 p185）。

(11) タイガー説　港井清七朗説 [註13]

港井先生は、間人の方で私とも親類関係にある人であるが、『間人皇后』なる小説を書きその中で間人における太后の行動と人となりを述べた。更に、その小説のなかで先生は、田目皇子と後の間人で大陸から渡ってきた男とタイガーについて話し合うシーンがある。その男が言うには、タイガーとはバビロニヤの言葉で太陽の神鴉のことを言う。また、インド、インドネシヤでもそう言うのですと話した。それで、そのほかの人達も皆が太后をタイガーと呼ぶようになり更にタイガーがタイジャに変化でしたといわれる（港井清七朗『間人皇后』p160）。

その上に、小説の後書《あとがき》で歴史言語学者川崎真治先生の説明を追加しておられる（p160，p263）。この小説の著者の港井先生が後書の中で，《私は間人の地名は「古代オリエント語に由来する」としたが、それを提唱し紹介してくださったのは、歴史言語学者の川崎真治氏である。氏によれば、「タイガ＝太陽の神鴉」が、その後「タイジャ」と変化し、現在「タイザ」と呼ばれるに至ったということであった。私は、この興味深い新説を、今でも丹後に残る太陽信仰の風習と結び付けてみたのである》（港井『間人皇后』p263）。

12 上記間人地名の検討

(1) 泥部説

先ず、泥部説《はしひと》であるが、室町期に「田伊佐津」で見えるといわれるが、どのような資料にそのようなものが見えるのであろうか。

また、「間人」を「タイザ」と呼んできたとの先生の記述があるが、「タイザ」と呼んだその理由こそ教えて頂きたかったのである。

本来は手磯《タイツ》であった。といわれるが、地名にまで反映するほどの特色のある磯であったのであろうか。納得のいく説明ではない。

さらに、間人の近くには神明山古墳というかなり大きな前方後円墳があるが、古墳の造成に従事した人の痕跡がタイソなどに結びつくものは今のところ何も認められないように考えられる。より的確な事実が欲しい。

(2) 河口部の狭い水田説

この説を唱えられる古川先生は、間人の地形を充分調べられたかどうかを知らないが，日本全国にいろいろな田

「城島への入口“三嶋神社　水天宮”」

があると考えても、間人の田が特殊な形状をした田でもないように思う。

この地が急峻な山に囲まれ、その谷から流れ出る川の河口部に狭い水田があるといわれているが、そのような水田はあまり見かけない。全くないわけではないかもしれないが、地元の者でもあまり知らない。むしろ間人の地でも人が少し行きにくいような場所にある田であろう。地名にまでならないと考えられる。

(3) 出雲大社説

八木氏は、私の最も畏敬する宮津中学、宮津高校の同期生であり、歴史については、早稲田大学卒業後に彼の書いた『丹後ちりめん物語』にもその該博な知識が遺憾なく示されており、彼の意見は充分尊重したいのであるが、宗教的にいっても間人には、曹洞宗の寺があり、出雲大社とは事柄から言って、間人に結びつかないように感ぜられる。大社とタイザは、言葉の音感的には結びつきやすく感ぜられるが、これも納得できにくい間人説である。

（4）たぎま説

これも（1）、（2）説と同様で、地形の感覚から名づけられているように感じられるが、地元でなれ親しんで住んでいる者には地形がとくに意識に昇らず土地が特別に変ったものであることが感じられず、地名に結びつくことがないのではないかと考えられる。間人の土地は、極端に変わった地形をしておらず、地形を地名とするほどの特異なものではない。地形からタイザが名づけられることはないと考えられる。

（5）アイヌ語ヒッタイト説

谷源蔵氏（谷源一氏は源蔵氏の長男で、源蔵氏の意思に基づいて『谷源蔵と間人民族の研究』を出版した人であるが、この書物の内容はほとんど源蔵氏の考えが書物になったものであると聞いている。したがって、ここでは、この書物の内容は谷源蔵氏の書面として取り扱う。）は間人出身の方で北洋漁業では大きな財を成した立派な人であり、アイヌ語を研究されたということも聞いている。

アイヌ語から分りにくい地名を解明する方法は、他にもよく行われているが、アイヌ語でいう森とはどのような森を言うのであろうか。間人には、小さな森しかなく森林といわれるような森はない。また、間人の人を海の人といわれるのであれば納得もできるが、森林の人というのは、納得できるぴったりした感覚ではない。

(6) 混血児説

提唱者の澤先生は、先ず混血児説をあげて、古代朝鮮語で混血児をタイザというから、タイザもそこから出てきたのではないかと言われる。しかし、この説をとられるならば、もう少し納得のいく混血児を土地の名称にするその根拠が示されなくてはならないように思う。

タイザには混血児が事実上多いというなら、土地の名称にすることもあるようには考えられるが、一説には、日本人ほど混血の多い民族はないとも言われている。その特に多い混血の土地の中で、タイザは特別に混血児が多いのであろうか。住民の中に混血児が多いという感覚は全くないと言ってよい。そのように混血児が地元の住民に特別多いというような感覚はないので、混血児が地名になることは、納得できない。

（7）滞沙説

また、澤先生は上記混血児説の他に滞沙説を提唱される。その根拠は、想うに先生は、任那四県割譲の時の割譲の対象になった一つの県滞沙（たいさ、たさ）を日本読みにすると（タイザ）になるとされる。

此の先生の着眼には敬服しているが、正解として賛成することにはご意見が不足しており、納得するに足る説明がない。その理由はわたしの本論で、私の意見として後に述べることとする。

（8）太后退座説

梅原説は、地元間人において最も信頼されている説である。

先生の説は丹後旧事記、竹野郡誌、間人村薬師堂記、丹哥府史等を根拠に、間人太后が大浜の里を退座したことを記念して太后の名前間人《はしひと》をタイザと読み、間人村と唱えるようにと綽名《アダナ》をつけたというのが間人に残る伝承であるが、梅原先生は、すこしだけ伝承を修正して、タイザという名は皇后がここから大和へ退いたという意味ではなく、「間人を皇后が貴い座を退いた場所」という意味と考えたほうがよいであろう。と言っておられる。梅原先生の言われる尊い座を退いたといわれるが、尊い座というのは皇后の地位のことか、間人の住居のことか具体的でない。また、退座というような消極的なことをあえて永く記念のために漢字で表現するなどという選択をするであろうか。

何かを記念して名づけをするためには記念するのに相応しいような好感を持て

る、呼ぶことが嬉しいような事項を選ぶであろう。ただ単に、間人＝タイザに適合する退座という言葉が存在したからそれを記念して地名として呼べとは言わないように思う。

（9）間繋ぎ説

この説は、韓国人であり韓国の大学の先生でもある李寧熙先生が、日本にも長く滞在された結果として考え出された説であり、韓国と日本とを理解した上で提唱された説でもある。説の提唱は記紀万葉の解読通信一八号一〇頁以下に「間人《タイザ》」として解説がなされている。一時、私もこの説を絶対的に相当な説かと考えた。しかし今では、この説にはかなりの距離を置いている。それは「間」「人」という字を分解し、結合わせて、タイザという読み、それに間人という文字が当てはまるかどうかの問題ではないように考える。日本流の発想と韓国流の発想との違いがあるのであろうか。

また問題にしている命名は一五〇〇年ぐらい前の命名である。その頃はまだ聖徳太子は外来人とは考えられていなかったと思う。

先生の著作を初めて読ませてもらった頃から、先生の説を検討してきており、先生がタイザの地名の生まれた背景である歴史にも配慮しておられるということは理解しているが、その配慮の方向がすこし私とは異なるように考え、異論のない賛成を躊躇するものである。

(10) アイヌ語タイ説

相見利嗣先生が狭い傾斜地をアイヌ語で、アネタイ・ニタイというところから導き出された説であるが、他の地形説と比べても当っているようで、ぴったりとしない命名で、にわかに賛同し得ないところである。

(11) タイガー説

バビロニヤ語で、太陽の神鴉をタイガーと言ったことまでは納得できるが、タイガーをタイザに読み替えることは、相当の説明と必然性を感じさせる理由が求められるのではないか。

13 四県割譲

(1) 四県割譲事件の概要

ところで、以上11・12、で述べたように丹後間人の地名に興味のある人が先輩としていろいろの説を立てて、その解明にあたってくださっているが、私には未だ心の底からその解明が十分という結果に行き着いていないように感じられる。私は歴史的な検討を行うには、事件の起こった状況とその周辺の状況とを見返してみる必要があることを考えて、列島と半島の状況を視野に入れて考え直してみることとする。

そこで、少し角度を変えて、私の考察が結論に迫るため、四～六世紀頃の列島と半島の歴史を考えるにあたって、この事件を抜きにして考えることができない事件があり、先ず、その辺りから問題を解明する糸口を検討してみることとする。それは四県割譲という事件である。ここでその概要を示してみる。

列島から言えば特にこの事件を取り上げるほどのことでないようにも見え、半島でも、国がたくさんあるものの、国の興亡にまで関係する事件だと考えられない、さりげない事件であったのであろうが、しかし、列島の一部であり、私の故郷でもある私の論じようとする「間人《はしひと》」なる人名を今ではタイザと読む地名であると考えるにはどうしても無視することが出来ない半島の事件が起きているのであるから、これに触れることにする。

起きた当時は、継体大王がその当時の職務的な補佐人とは軽く相談したぐらいで、傍近くにいる親族的な関係の人に相談して、軽い気持ちで処理したように見える（白崎正一郎『継体実像』p69～76）。それは、事件としては、大きなこととも受け取れないものと考えたのであろうが、結果的には、半島にある国の一部が滅亡するという歴史的にも結構大きな意味を持つ事件となってしまったというようなことであったようであり、もう少し慎重に処理してもよかったように考えられる。

(2) 百済の要請

六世紀初め頃、西暦五〇七年には、継体大王は、列島の大王になっており、同王は北九州で職務をとっていたようであるが、同大王の朝廷は西暦五一二年～五一三年にわたって百済の要請によって、同国の上哆唎・下哆唎・娑陀・牟婁・己汶・滞沙の支配権の回復を認めた。土地は六県の名前が挙がっているのに四県割譲というのは理解できにくいが、上記土地の中の二県が何かの事情で重複しているからであろうか。

それに、六県の地名が挙がっているが、この事件では、地図で調べてみると、かなり大きい土地（『韓国歴史地図』平凡社ｐ33）が、継体大王の裁量で百済が支配できる土地になったように見受けられる。

この当時に倭の承認によって半島の大きな土地の統治権が承認を受けた国にあるものと認めることができる様な土地があったのであろうかということも大きな疑問になるところである。そのことについては、この考察では深く立ち入らないこととするが、当時の土地の関係は、倭と半島の国々との権利の調整の関係であり、倭が、半島の土地を裁判とか、和解とかの関係で処分することも出来ることもあったと言うべきであるという（井上秀雄『古代朝鮮』講談社学術文庫　ｐ136以下）［註14］。

ところで、当時、半島には百済以外にもいろいろな国があったが、特にその中の伴跛《はへ》という国が、継体大王の上記土地回復処分の処置に反対して、大王がその処置の使臣として半島に遣わした物部連等に対し攻撃を加えた。物部連等は伴跛の攻撃に耐えかねて敗走するような事態までおこった。

そもそも、列島の朝廷のこのような土地の割譲が問題なってきたのは、この当時、半島では、次のような事情があったからである。

半島の南部には伽耶地方というところがあるが、その地方には、少しは大きな国もあったが、小さな国が寄り集まっており、その中には、団体行動をとる国もあった。多くの国の中で中心的な国として立つ国がある一方、他の国に追従せざるを得ない国もあった。そして、時に、中心的な国が入れ替わるという風であった。半島の国々の交易関係は大きく言ってこの地方の国の動きに左右されていた。更にまた、その時期は、前期と後期に大きく分かれ、三世紀中葉から五世紀初めころまでを前期と言い、金官伽耶という国が主導権を握っており、五世紀中頃から六世紀前葉迄の後期は、大伽耶という国が主導権を握っていた（朴天秀『伽耶と倭』p64）［註15］。

そして、大伽耶は、後期の中頃から半島の海上での交易権を主導的に行使するためには、自ら半島を通る船舶の交通路を確保しなければならないと意識して、百済と激しく争った。そして、後期の前半の内しばらくは、大伽耶がなお交易権確保に優勢を保っていたが、六世紀の中葉頃、列島の協力もなくなり、蟾津江《ソムジンガン》交易路（この交易路の中に「滞沙〈タサ、タイサ〉」が含まれている。）の確保も出来なくなり、列島との交易・中国との交易ついても結局、百済が主導権を握ることになった。

六世紀前葉に百済が主導権を握り、大伽耶が列島の相手方となる中国との交易権をも失うと大伽耶は蟾津江航路の交通権を主張するのは一層むずかしくなった。大伽耶は、列島との交易権・ひいては中国との交易権をも失うこととなったので、やむなく、伽耶の固城湾、泗川湾の湾口を確保しようとしたが、同国は遂には、紀元五六二年頃、新羅によって滅亡を余儀なくされた（朴天秀『伽耶と倭』p58）。

そこで、繰り返しのようになるが、この滞沙が蟾津江《ソムジンガン》交易路に含まれていることが、『韓国歴史地図』（平凡社発行p33）等からも見て取れる。滞沙が列島との交易についても要衝にあることもまた同じである。［註16］

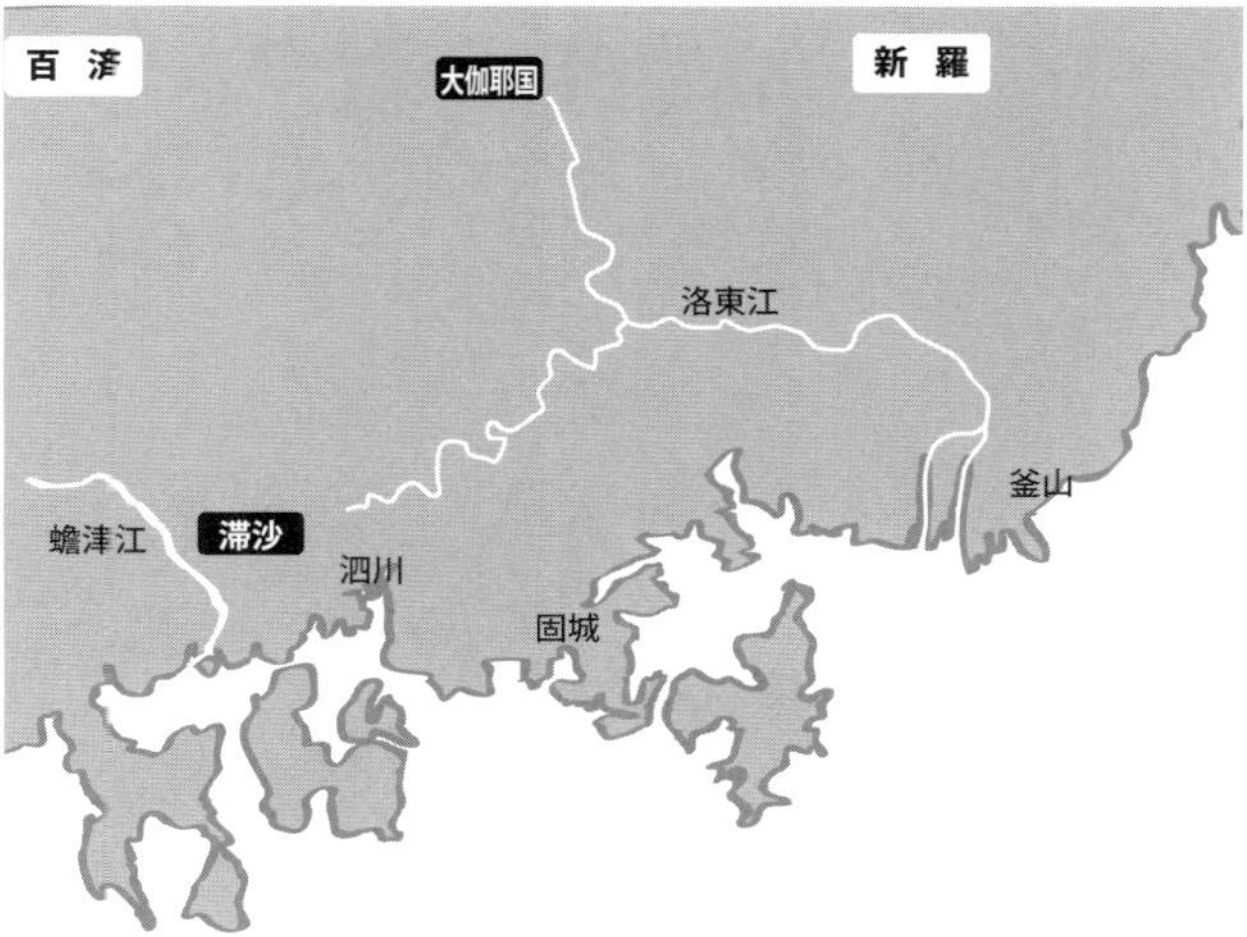

(3) 四県割譲と太后

ところで、私には、列島の今までの歴史的経緯から、**間人**という漢字を「**タイザ**」と読むことにしたのは、太后(=間人《はしひと》太后)であろうということだけは否定できないことであると考えている。間人をタイザと読むことにした人は太后以外にはほとんど考えられず、この人を中心になぜ太后が何のために「はしひと」としか読まれてなかった「間人」を、タイザと読むことにしたかを考えることとする。

太后のことは、梅原猛先生が、『聖徳太子I仏教の勝利』(以下書名を『仏教の勝利』という)という書物の中で、可なり詳しく述べておられるので、この書物を手掛かりに太后を明らかにしておきたい。

『仏教の勝利』では、太后は、欽明大王と小姉君(蘇我稲目の子)の間の子であり、穴穂部間人皇女《アナホベハシヒトミコ》と言い、後に、用明大王の太后になった人であるとされている(『仏教の勝利』p262以下)。そして、太后は，聖徳太子を初めとして、来目皇子《クメ》、殖栗皇子《エグリ》、茨田皇子《マンダ》らを生んでおり、更に、太后は、彼女の夫である用明大王が死亡した後、同大王と同大王が嬪《ヒン》とし、太后自身にとっても叔母である蘇我の石寸名《イシキナ》の間にできた田目皇子《タメ》と男女関係を持ち、佐富女王《サホ》を生んでいるといわれる(遠山美都男『古代日本の女帝とキサキ』角川書店 p110 以下書名を『女帝とキサキ』という)。

このことは、太后が夫(大王)の死亡後であるとしても夫である用明大王の子と男女関係を持ち子供を産んだということになり、幾らその当時のことでも太后と夫(大王)の子とが男女関係を持つということは許されないことであったようである。そのことからでもあろうか、太后には、どこか、暗い影があるとまでいわれている(梅原『仏教の勝利』p264)。

ただ、然し、雑談めくが、その太后の美しさについては、小林恵子先生は、格段の評価をしている。小林先生は、太后は中宮寺の如意輪観音のモデルといわれ

継体大王―間人皇女関係（省略）系図

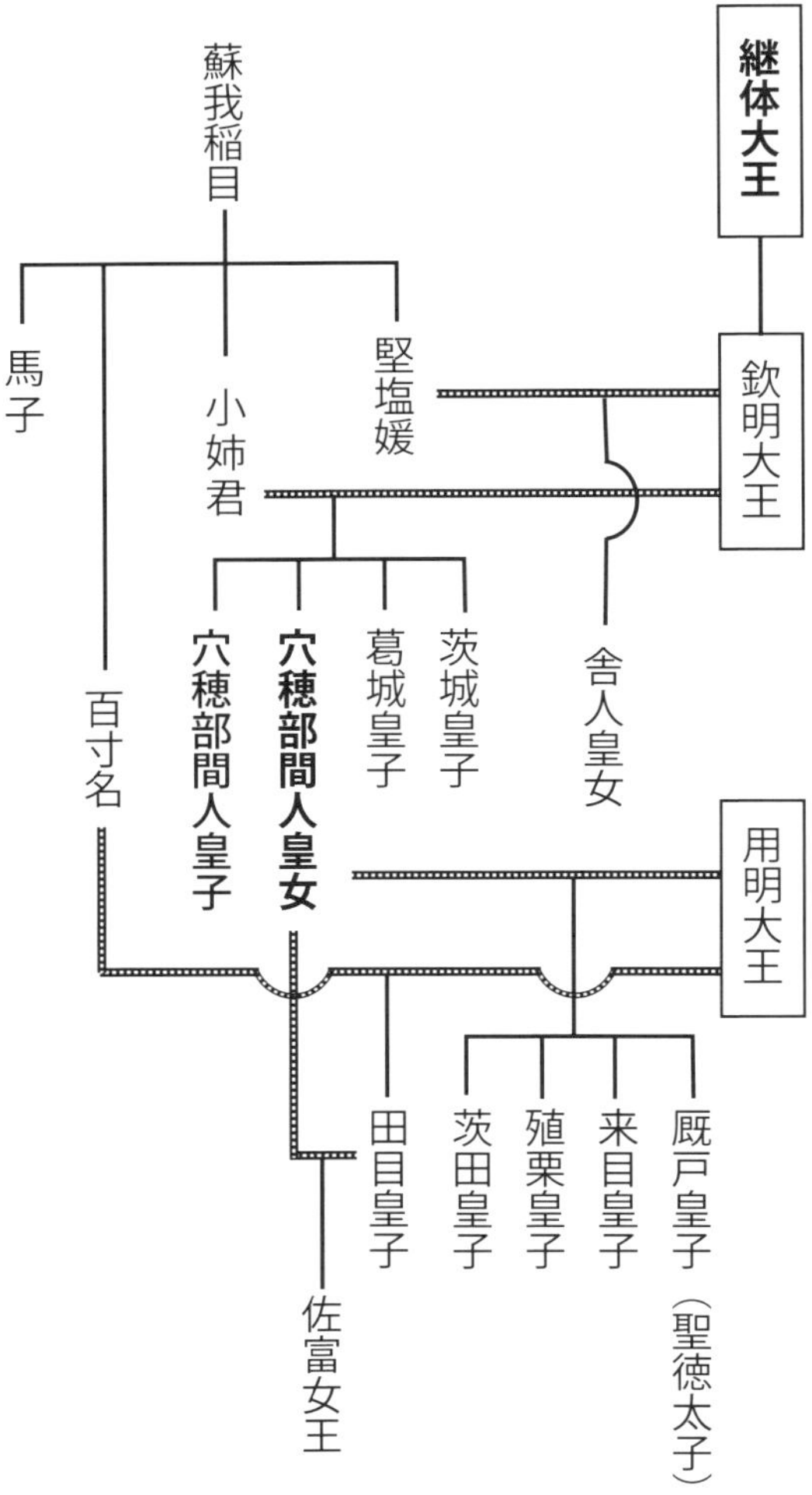

ており、推古大王よりもっと美貌の女性であったらしいといわれている（小林恵子『聖徳太子の正体』p194〜195）［註17］。

そして、また、太后が聖徳太子の母であることは、日本書紀（巻第21『日本古典文学大系』下巻p154）やそれ以外の多くの歴史書で述べられている（『古事記』岩波文庫　倉野憲司校註p233、遠山『女帝とキサキ』p109、大山誠一『聖徳太子の誕生』吉川弘文館　p7、梅原『仏教の勝利』p273）。ただ、しかし、現在の日本古代史学の現状では太后が聖徳太子の母であることは確定的に認められた事実ではないことになってきているようにも感ぜられるが（小林恵子『聖徳太子の正体』p194）、本稿では、太后が聖徳太子の母であるかどうかの事実は直接の論点にはならないので、太后が聖徳太子の母であるかどうかは深く詮索しないこととする。

（4）滞沙（タサ、タイサ）

ところで、四県割譲の中の四県には滞沙（タサ乃至タイサ）という土地が含まれている。この土地が太后にとって、単に、四県割譲の対象になった土地の一部であったほか、どんな土地であるかは、殆ど知りえないが、少なくとも継体大王にとって自ら四県割譲の件で処分の対象とすることができたのであるから、自己の支配権が及ぶような土地になっていたことが考えられ，何らかの政治的に特別の意味のある土地（継体大王が統治した国の中心になる土地等）であったのではないかと推察される。

そこで、私は、少なくとも太后は、継体大王の孫であり直接の話し合いはしていなくても、四県割譲のことを思い起こして、その中に、滞沙という土地があったことを記憶しており，これを利用してアリナレ式命名を行なうことによって、間人のタイザとの関係で容易に命名できると考えたに違いない、と考えるものである。半島のその土地から出発したときの出発地点の読みは滞沙《タサ》であるが、さらに、列島の到着地点タイザの読みとして列島到達点に適合させて読みを可能にし、技巧的に一致させようとしているように感じられる。そして、その方式は、太后の時代より、より古い西暦二〇〇年頃の時期に神功皇后が半島の一部の土地である大東のアリナレ河から出て九州筑前の大善寺に行ったときに、半島の出発点の河と九州の到着点の河に同じ名前を付けたことがあるのを真似て、滞沙と間人をタイザで結びつけたのではないかと思う。さらに滞沙は「砂（沙）が滞る」と書くのだから思いつくままに述べてみると、太后は、蟾津江《ソムジンガン》に面していて、その砂は間人の大浜の砂のように浜にちかい土地に大量に砂が堆積している所と知っていたか、またはそのように想像していたのではないかともかんがえられる。

14 アリナレ河的命名方式［註18］

ところで、アリナレ河的命名ということを知らない方もおられるかもわからないのでここで一度そのことを少し立ち入って説明を加えることにする。

（1）アリナレ河的命名

兼川晋先生は、先生の書かれた、『百済の王統と日本の古代』の六五頁以下に、神功皇后と武内宿祢のことを述べて、

《さて、多羅出身の神功と武内宿禰は大善寺の熊襲を滅ぼした後、どうしたかと

いうと、筑後一宮・高良大社に伝えられる『高良玉垂宮神秘書・同紙背』、別名「高良記」とも呼ばれる文書の第五三三条には「大善寺ノコト」として次のことが書かれている。

高良大并《ボサツ》　タイタウ　アレナレ河ト云《イフ》所ヨリ、御フ子《ネ》ニメシ、チクセンウミノカウチヱ　ツキ玉フ、ソレヨリ　クハウクウトトモニ、ミヤコヱ　ノホリ玉フ、クハウクウ御ホウキョノノチ、仁徳天皇十七代ニ大善寺ノマエノ川ニツキ玉フ、ハシメテノ御ツキノトコロナレハ、タイタウ御フ子ヲ　イタシ玉《タマフ》、河ノ名ヲ　カタトリテ、カノトコロヲハ　アレナレ河トハ　名付ケタリ、……》

意味は「高良大菩薩は、大東のアレナレ河と云うところから御船に乗られ、筑前の宇美の河内へ着き給うた。それから神功皇后とともに都に上り給うた。神功皇后御崩御の後、仁徳天皇十七代に、大善寺の前の川に着き給うた。始めてお着きの所だったので、御船を出し給うた大東の河の名をとって、そこをアレナレ河と名付けたのだ。……」》と解説しておられる。

わたしは、このようにして、所を移動して全く異なったところの川の名前でも同一の河のようにみて、初めと終わりに、同じ名前をつけるのをその命名の態度からみて、特殊な命名方式であり、「**アリナレ式命名方式**」ということにする。

そして、それは、北方騎馬民族では、旅の初めと終わりに旅を一つと見て一つの名前をその初めとその終わりとにつけ、記念のために一種のけじめをつけるような習性があるのではないかと推察する。

きっと北方騎馬民族形成の長い歴史のごく隅の方で、北方騎馬民族の生活の中で取得された習性ではないかと考えるものである。その習性が女子ながら太后の頭脳に間人命名にあたって浮かんだのではないかと考える。

そして、ついでながら付け加えておくと、騎馬隊に女子が加わったときは、女子といえどもその隊長として騎馬隊を指揮することも多かったと言われている。

従って、騎馬民族では女子といえども、アリナレ式命名方式のことはよく知っていたと考えられるのである。

(2) 太后と間人皇子

ところで、太后には、穴穂部間人皇子という父欽明大王も母小姉君をも同じくする弟があった。この皇子は、早くから、自らが大王になろうという大望を持っていたが、一方で、用明元年(五八六年)敏達大王の殯宮《もがりのみや》をまもっていた太后炊屋姫(後の推古大王)と男女の関係を持とうとして、その殯宮に入り込んだという事件を起こし、遂には、この行為を止めさせようとした推古大王の忠臣である三輪逆を殺す暴挙に出たため、間人皇子は都にいられなくなり、姉太后の湯沐の邑(諸橋轍次『大漢和辞典』大修館書店 7巻p273)であるという大浜の里(間人のはま)へ避難した。その時、太后もまた間人に赴いて、弟穴穂部間人皇子と十有余日を共にしたという（梅原『仏教の勝利』p273）。

そして、この時、太后は、供奉の人々のその子孫をこの里にとどめたと言われ、現在にも間人に姓の残っている東氏は東漢直駒を、相見氏は木目見宿祢を、蒲田氏は、蒲田麿興世を、小谷、谷は、小坂部民谷を、下戸氏は下戸部大連を、中江氏は、穂見中江麿、中村氏は中臣村主《すぐり》忠世を供奉の時の先祖というとしている（ここであえて付加えれば、私もまたこの太后の従者の子孫のうちの一人であり、私の姓が谷であるところから、小谷、谷の系統であり、小坂部民谷を祖先に持つといってよいと考えられている）。

そして、ある後代の書物（泉氏所蔵『間人村濫觴記録〈竹野郡誌より〉』）の伝えるところでは、太后が間人の前身である大浜の里を離れるとき、その里を退座することを記念してその里を間人《たいざ》と呼べと言ったということで三つの歌を詠んだので、大浜の里を間人《たいざ》と呼ぶことになったという（梅原『仏教の勝利』p274以下）。

その三つの歌というのは、

（Ⅰ）大浜のあら塩風に馴れし身のまたも日嗣のひかり見るかな

（Ⅱ）大浜の里に昔をとどめてし間人村《タイザ》と世々につたへん

（Ⅲ）大浜につとふ都のことの葉は行末栄かう人の間

の三首である。これらの歌を惜別三首ということにするが、これらの歌がうたわれた状況は、弟が都から追われている状況であり、第一首は太后が常には弟と距離がへだたっている状況であったが、この歌が詠われた時には、姉弟が同じところにいて、しかも、それでも皇位の光から隔たって遠い立場に立っているようにみえていたが、なお、まだ皇位に立てる希望を持てる状況にあるということでうたった歌のようである。二首は、はしひと村の未来に間人村《タイザムラ》を残したいことを述べているようである。三首は、「此の度、大浜で起きたことは往く末栄えて人の間すなわち間人につたわってくれるだろう。」というような歌の趣旨のように受取れる。（しかし、太后の弟穴穂部皇子は西暦五八七年六月七日の日に蘇我馬子に殺される。）〔註19〕

（3）継体大王と太后

そこで、さらに踏み込んで、太后の周辺から太后の意図をより深く考えてみるために太后につながりのある継体大王とのことについては、ここで触れておく。

太后は、欽明大王の娘であるといわれており、そうであるなら、日本で最も長い、約一五〇〇年の血縁が続いているといわれている継体王朝の一員であるばかりでなく、その王朝の創始者である継体大王の孫ということになり、弟のことは別におくとして、継体王朝の特色である争いの少ない平和な性格を持った、すぐれた王朝の血を受け継いでいたのではないか、また、政治的なことにも十分興味を持った人であったのではないか、と私は考える。

書紀などの記載からうかがえるように、継体大王は、いかにも慎重で重厚な人柄であったと考えられ（白崎昭一郎『継体実像』p101以下）、其のため継体大王が作り上げた王朝は、同大王が倭の支配者である王の地位を得て安定させるには、多くの日月を要したようであるものの、創設されてから約一五〇〇年間経った今日まで血縁が切れてない安定した王朝であったと言われている（『継体実像』p11）。

継体大王は、応神大王の五代の孫であるといわれてきた（しかし、このことは、現在の古代史学会においては大いに異論があり、確定的事実とは言えない。『継体実像』p5）。武烈大王が死亡して、後裔がいなくなり、大伴金村等があれこれあたってみた末、継体大王を近江の国から迎えたという。確かに、日本書紀では大伴金村からの連絡があり、五〇七年に訪ねてこられて王位を継ぐことを勧められたが、直ぐには大王の地位を継がず、それから畿内で五二六年まで一九年間待ち尽くした後、倭の豪族たちとの同意で、確定的に大王となった。しかし、誰から天皇の地位を承継したかは、今でも明確でないといわれており、皇位承継に瑕疵があったのではないかとも言われている(『継体実像』p60)。

継体大王は、越前を出て、河内の樟葉《クズハ》に拠り、ついで、山城の筒城《ツズキ》に大王として遷都し、山城の弟国《オトクニ》に移った。その後、倭の継体と対立する勢力から妥協案が提示され継体もこれを受け入れ上記のような経緯で実質的に継体王朝が成立したのであるという(『継体実像』p60)。

若いときには苦労をしたかもしれないが、思いやりがあり、物事に慎重なその人格は尊敬されているようであるし、とくに半島との関係においては、上に述べた大伽耶のようなこともあるが、百済を中心に和平的な交渉により列島を安定させ、列島にとっても大切な人であった模様である（『継体実像』p101以下）。そのようなことを考えると、継体大王の態度は、孫の太后にも反映して、次節で述べるように、アリナレ命名を行うについても太后もまた倭と百済にいい影響を与えようとしたものと考えられるのである。

15 命名の目的〔註20〕

(1) 弟間人皇子に対する思い

いよいよ本論タイザの命名の解明に迫るときが来たが、その考え方の根源は、四県割譲とアリナレ河的命名にあり、その中で継体大王ないし太后の弟間人《はしひと》の名誉を守ることを一番に願って間人（タイザ）の命名に自らのり出したといっていいと考える。私は、すでに四県割譲については、その概要について述べたが、アリナレ河的命名［註18］についてなお、少し説明を追加する。

四県割譲の土地の中に滞沙という土地の名称があることが明確である。そうすると、アリナレ河的発想（兼川晋著『百済の王統と日本の古代』p65　以下書名を『百済の王統』という）の中にみられるように、騎馬民族に移動の始まりの場所と移動の終わりの場所、最初と最後の地を結びつける観念操作による命名があることをかんがえると、滞沙と間人という命名の組み合わせが成り立ちやすい。大王と太后の年齢の差が約五十歳であることを考えると、継体大王と太后がこの命名について話し合うことはむずかしかったかもしれないが、先ず、先に述べたように、太后は継体大王の孫にあたり、直接には話し合うことが難しい年齢であったにしても、この命名の時に太后は継体大王の思いを精神的に引き継ぐことができる年頃になっていたと思うのであり、継体大王のことを思い起こして考える機会もあったであろうから、勿論、アリナレの場合のように出発点として洛東江河口のアリナレ河と考え、到達点を筑後の広川とかんがえたように（『百済の王統』p64）、出発点を半島の蟾津江《ソムジンガン》に面する河東の**滞沙**とし、到達点を列島丹後の**間人**とするが、さらに、一ひねりして間人《はしひと》をタイサのサに濁点をふってタイザに近づける技巧を加えた名付をおこなったのではないかと考える。

それにそこには、穴穂部間人皇子の不遇に多大の悲しみを受けた太后が間人の土地を「タイザ」とよむことにして土地の地名に「間人《タイザ》」の文字を刻みつけたのではないかとも考える。太后にはこの時点には何よりも弟間人皇子の無念が間人《タイザ》から厳しく胸に迫り歌となって現れたものとも考えられるからである。

（2）太后のさらなる想念

太后が間人を去るに及んで考えた末の結果を出したいとしてだしたものは以上に掲げたものが主たるものであったが、さらに、次のようなことが間人の文字に刻み付けたかったように考えられる。

（3）間人の海の美しさ

間人の海は、ほとんどの処に汚れがない。大浜の里と呼ばれていたというが、その大浜といえばおそらく間人で最も海水浴に適した今の後《ノチ》ヶ浜のことではないかと考えるが、後ヶ浜の沙は、通常の砂浜と若干異なっていて、普通の浜の砂は、細かく割れた貝殻をさらに細かくしたような貝殻が主な成分であり、海水浴の後、体についた砂を洗い取る作業を必要とするが、間人の後ヶ浜の砂は、珪素的に砂のなかにとくに硬い部分があり、その部分が容易に細分化されない固い〇．五ミリメートル程度の角のない、でこぼこの丸い粒となっており、その砂をかぶっても固い表面のため体の表面にくっついた砂を手の平ではたくと砂がパラリと落ちるだけなので、砂が落ちた後、家に帰って風呂に入るまでさらに、体の表面の水分、砂の部分を拭き取る必要がない。海水浴には最適の砂でしきつめられた砂浜

「後ヶ浜の砂浜へ至る岩膚」

なのである。間人の後ヶ浜は、浜から見る情景が美しいだけでなく、足元の浜の砂の在り様も海水浴に適した、美しくて綺麗な砂浜である。

(4) 弟への思い入れ

さらに、弟、穴穂部間人皇子は、皇位には比較的近い位置に居りながら、叔母推古大王の処置などで、大王になれなくなりそうになっているのを見て、なんとかその流れをかえることが出来そうにも考えていた。

姉の太后もまだ、弟と同様、弟の大望を達成できるのではないかと考えていたように思われる。その意図を示しているのが上記(1)ないし八五頁に掲げた歌三首のうちの(Ⅲ)の歌である。

16 結語

太后は、アリナレ式命名によって結論的に滞沙《タイサ》を出発点として丹後の間人《はしひと》を到達点としようとしたが、当時、弟間人が置かれている皇室のトップ近くにあるのに、人をアヤメル挙に出た立場を考えて、「間人」を「はしひと」と読むのは不適当だと考え、太后は、アリナレ式命名方式を少し修正して出発点と同一の地名と読める間人《たいざ》と読むこととしたと考えるものである。

そしてこの時に間人（はしひと）は間人（たいざ）になったのである。しかもこの時に姉（間人はしひと）と、弟（間人はしひと）とは、ともに、間人の歴史の中から、多少気使いの必要な「**はしひと**」という名前を半ば切り捨てて、『間人（**たいざ**）」となることとしたのではないかと考える。ただ、間人の地名の中に間《はし》人《ひと》なる文字が残ったが、太后としては、それ以上に間人《はしひと》に関する文字を消し去るような配慮はとても持ち出せなかったものと考える。

　そして、太后は、間人の海の美しさやさらなる弟への思い入れや祖父継体に対する思い入れがあったと思うが、姉弟二人の名である間人《はしひと》を間人（タイザ）の地に残すことができただけでも多少なりとも弟への鎮魂になったことと喜んだのではなかったのではないだろうか。

（終）

間人考註書一覧

註1（一〇頁）　縮緬生産業　『広辞林』（三省堂）等

p1306　縮緬は《絹織物の一種。縦糸によりのない生糸、横糸によりの強い生糸を用いて平織りにしたのち、ソーダ入りのせっけん液で数時間煮沸して縮ませ、水洗いしてのりけをとり、乾燥させて仕上げたもの》を言う。丹後町の機業は旧間人町から始まり、白生地縮緬製造業として明治初期機業の先進地である加悦、峰山方面から導入された。明治の25～6年日清戦争前の不況で行き詰りとなったが、その後10年余を経過した明治37～8年日露戦争後に、未曾有の好景気に恵まれて業者も増加し盛んになった。

註2（一一頁）　丹後の分国　『丹後町史』

p76　《奈良時代百八十五年間は、和銅年間からはじまり、その七年間は政治・文化・宗教上に大きく新しさを加えた時代である。武蔵国、秩父郡からわが国ではじめて、和銅を献じたので、年号を和銅と改め、その和銅三年（七一〇）には、都を大和から、奈良の平城京に移された、和銅開珍《ちん》（開宝ともいう）という銅貨が、始めてつくられたし、また日本の古代を知る古い記録である『古事記』が、和銅五年につくられた。丹後にもっとも深い関係のあるのは、和銅六年（七一三）四月に、丹波の国から加佐・与佐・丹波（今の中郡）・竹野・熊野の五郡を割いて、丹後の国が、勅命によってつくられたことである。》

註3（一二頁）　屯倉《みやけ》の設置　『丹後町史』

P78　《二五代武烈《ぶれつ》天皇のあと継体《けいたい》・安閑《あんかん》・宣化《せんか》・欽明《きんめい》天皇は中央集権をはかるため直轄領をふやした。書紀によれば二七代安閑天皇のころから屯倉の設置をはじめている。屯倉とは天皇又は朝廷の所有地である土地の収穫物を納めるために倉をおき、そこを中心に土地の経営管理を行い、全国の要所要所に朝廷の出先機関がおかれた。朝廷の御領地である丹後地方にもこの屯倉がおかれたかも知れない。》

註4（一五頁）　『歴史と伝説の里・丹後』（あまのはしだて出版）　飯塚史朗

P114　《古代、海とは日本海のことであった。そこには大陸と日本を結ぶ航路があって、異国船がひんぱんに往来した。丹後は日本の玄関口であって、人も文化も海から日本にもたらされた。》また、《丹後にのこる1000基もの古墳はそのことをつぶさにかたる》し、また、浦島伝説、羽衣伝説、徐福伝説などは、そのことを如実に語る。

註5（二二頁）丹後の古墳『古代丹後王国は、あった』（東京経済）伴とし子

p22《四世紀頃の丹後の巨大古墳について考えてみよう。

丹後半島に大王墓《だいおうぼ》クラスの大きな前方後円墳の古墳があることはよく知られている。日本海沿岸の地域ではもちろん突出した巨大さである。

ひとつは、全長一四五メートルの蛭子山《えびすやま》古墳（加悦町）〈推定四世紀後半築造〉、ひとつは全長一九八メートルの網野《あみの》銚子山《ちょうしやま》古墳（網野町）〈推定四世紀末頃築造〉、ひとつは、一九〇メートルないしもう少し大きいかといわれる神明山《しんめいやま》古墳（丹後町）〈推定五世紀初頭築造〉で、これらを丹後の三大古墳という。》

p25《私（伴とし子：著者注）は、丹後の弥生期に、大陸との交流が行われ、先進技術を持ったことに富の源泉があり、巨大古墳は、丹後の実力で築造されたと考える。》

註6（二三頁）『古代海部氏の系図』（学生社）金久与市

p24《この系図には始祖の彦火明命《ひこほあかりのみこと》から平安時代初期の海部直《あまべのあたい》田雄祝《はふり》まで記載されており、各代の宮司（祝）の上には合計二十八箇の朱印が押されている。…この朱印の文字が何か、神社も私も判読できないでいたが、昭和六十二年の夏、色分解による写真撮影を行った結果、村田正志氏〈国学院大学教授〉が、この朱印を「丹後国印」の四文字であると、解読された。》

註7（三八頁）**高瀬舟『山椒大夫・高瀬舟』（新潮文庫）森鴎外**

p250《高瀬舟は京都の高瀬川を上下する小舟である。徳川時代に京都の罪人が遠島を申し渡されると、本人の親類が牢屋敷へ呼び出されて、そこで暇乞をすることを許された。それから罪人は高瀬舟に載せられて、大阪へ廻されることであった。それを護送するのは、京都町奉行の配下にいる同心で、この同心は罪人の親類の中で主立った一人を大阪まで同船させることを許す慣例であった。これは上に通ったことではないが、所謂大目に見るのであった黙許であった。

当時遠島を申し渡された罪人は、勿論重い科を犯したものと認められた人ではあるが、決して盗みをするために、人を殺し火を放ったと云うような、獰悪な人物が多数を占めていたわけではない。高瀬舟に乗る罪人の過半は、所謂心得違いのために、想わぬ科を犯した人であった。有り触れた例を挙げて見れば、当時相対死と云った情死を謀って、相手の女を殺して、自分だけ活き残った男と云うような類いである。》

寛政の頃でもあっただろう。名を喜助と言って、三十歳ばかりになる住所不定の男であり、ただ一人で高瀬舟に乗った。護送を命ぜられて、一緒に舟に乗り込んだのは羽田庄兵衛は喜助が弟殺しの罪人だということだけを聴いていた。庄兵衛は喜助を注意深く観察していたが、喜助はその額が晴れやかで目にかすかな輝きがあった。庄兵衛は不思議に思い、「何故、人を殺めて島に送られるのか。」と喜助にきいた。喜助は「私はいつも弟と一緒のところで働ける職場を探していましたが、いつも弟は私に私を一人で稼がせて済まないと言っていた。或る日、いつものように家に帰ると弟は布団の上に突っ伏していて周囲は血だらけになっていた。弟は「済まない。どうぞ堪忍してくれ。病気だから、治りそうにない病気だから早く死んで、兄に楽をさせたい。どうか剃刀をぬいて楽にしてくれ。」と頼んだ、ということであった。喜助の弟の言うことが事実であれば、喜助は無罪であったであろうと考えられるのではないか。

註8（三八頁）　**カルネアデスの板　『刑事法講座　刑法総論』（有斐閣）　木村亀二**

p271　昔、大西洋を航行していた船があったが、その船が強風に煽られて沈没した。その時、一枚の木の板（カルネアデスの板）に一人の人だけがその板につかまっておれば、海上を航行していくことができ、二人のひとがつかまると板と共に、二人の人が海中に沈んでしまうというような板であった。
止む無く、そのうちの一人は、他の一人を押しのけて助かり、他の一人は死亡した。この助かった方の人の行為は、二人のうち一人だけが助かり、他の一人は必ず死ななければならないのであるから、自分が死んで他の人をたすけることもできるであろうが、そのようなことは普通の人には期待できない。自分が生きて、他人が死亡しても刑法では、許される行為であると見られている。

註9（四八頁）**出雲大社**　**『丹後ちりめん物語』**（**三省堂新書**）　**八木康敞**

p147　この書物での八木君の考え方は同君が丹後網野町の出身であることから、同君は迫真の考え方を提示してくれていることはわかる。しかし、私には、間人では、曹洞宗信仰が強く出雲大社の信仰とは距離があるので、出雲大社の出てくることは認められないと考える。

註10（五〇頁）**『谷源蔵と間人民族の研究』**（**文童社**）　**谷源蔵**

p18《日本の先住民コロボックル族の一部なるクシ（土蜘蛛）やエゾ（蝦夷）の後世アイヌ（土着人と目称する）種族の言葉が我が国古代の代表言語で現代吾人の称する山嶽河川その他地名は悉くアイヌ語ならぬものはないという。それによるとタイザ（間人）

と言う名称の起因はアイヌ語でタイ（森林）ヒット（人）あってその後、年数を経過するに従いタイヒトと訛り近世に到りタイジャとなり現今タイザと称するに至れり。》と言われる。しかし、訛りの経緯などが明確に説明されていないところなどからにわかに納得しがたい。

註11（五〇頁）**滞沙**　**『探訪丹後半島の旅上』（文理閣）澤　潔　2説**

先生はまず「古代朝鮮語で混血児のことを「タイザ」というというがこの説はどうであろうか。」と問を発し、そのまたすぐあとに、また、任那四県の一つ「滞沙」（たさ）を、日本よみにするとタイザになるという説もある。と述べられている。私は、間人をアレナレ式命名方式を使ってこの滞沙と間人を結びつけ、間人にタイザの名前を付けたものと考える。であるから先生のこの考え方は私の発想の前半に強く連なっていると考える。その観点から先生の発想を高く評価し、尊敬している。

註12（五一頁）**太后退座**　**『仏教の勝利』（小学館）梅原猛**

p272〜273　《今の京都府竹野郡丹後《たんご》町に、間人《たいざ》という村がある。昭和三十年の町村合併《がっぺい》で、五カ町村が合併《がっぺい》して丹後《たんご》町になった。間人《たいざ》はその町役場の所在地で、日本海にそって東西にのびた村である。村の産業は農業と漁業と、それに丹後《たんご》チリメンの生産

である。》
よって、名とす（丹可府志）。といわれる。しかし、ハシヒト姫の因縁で今の間人の名前が付けられたのなら、ハシヒト町という町名にならなければならないはずであるのに間人《たいざ》という町名・村名になったのはおかしいのではないでしょうか。

註13（五四頁）『間人皇后』（機関紙共同印刷）港井清七朗

p12（表記の書物の前記の頁に次のように記載されている。）《この貴婦人こそ、先の大王《おおきみ》、橘豊日大王《たちばなとよひのおおきみ》（用明天皇）の妃穴穂部間人《あなほべのはしひと》皇后である。

そして巫女の言う「皇子」とは、皇后の実弟泥部穴穂部皇子《はしひとのあなほべのみこ》の事であった。

今は丹波《たにわ》の地で静かな日々を送っている皇后もほんの一年前までは、飛鳥に渦巻く蘇我・物部の争いの中にあって、心休まる時のない危険な暮らしを強いられていた。》

註14（七〇頁）四県割譲『古代朝鮮』（講談社学術文庫）井上秀雄

p134　同年（継体7年）11月、朝廷に百済の脱姐弥文貴将軍・新羅の汶得至・安羅（慶尚南道咸安郡）の辛已奚・賁巴委佐・伴跛国の既殿奚と竹汶至羅を集めた中で、己汶と帯沙（現在慶尚南道）とを百済の領有と認めた。この月、伴跛国は珍宝を献じて、己汶の土地を与えられるよう願ったが、失敗に終わった。

p135　帯沙江（蟾津江）写真
p136　この一連の記事は一般に、任那四県二郡割譲といわれるものである。

註15（七二頁）『**加耶と倭**』（**株式会社講談社　講談社選書メチエ**）**朴天秀**
p21《五世紀後半における日本列島の移入文物が大伽耶産であることを明らかにするとともに、文献史料からは把握が困難であった大伽耶と倭の関係に接近したい。この時期の大伽耶が加耶の中心国として成長する背景について、これまで筆者が注目してきた日本列島との交通路である蟾津江《ソムジンガン》と、任那四県、帯沙（たさ）の確保を基盤とした南海岸の制海権の掌握を通して考えてみることにする。》

註16（七三頁）『**韓国歴史地図**』（**平凡社**）**吉田光男監訳**
p32　伽耶は、このような鉄器を楽浪と倭に輸出し、両地域の交易を中継することで経済力を大きくした。伽耶は高い水準の文化を持ちその文化は後に新羅に大きな刺激を与えた。また一部勢力は日本に進出し、日本文化の発展と国家成立に寄与した。

註17（七七頁）**太后と推古**　『**聖徳太子の正体**』（**文藝春秋**）**小林恵子**
p194《推古は敏達妃で穴穂部皇女は次の用明妃であった。穴穂部皇女はおそらく同母兄妹いわれる同名の穴穂部皇子と結んでいたであろう。そして、推古と穴穂部皇子は

敵対関係にあり、穴穂部皇子は殺された。最後に太子と運命を共にしたのが、太子の正妻であったと思われる推古ではなく、穴穂部皇女であったとしたならば、（…）推古は『書紀』に「姿色端麗《みかほきらぎら》しく」と書かれており、美貌の女性であったらしいが、中宮寺の如意輪観音のモデルといわれる穴穂部はもっと美しい佳人だったような気がする。しかし私の想像通りであるならば、穴穂部は推古に敗退するだけの人生であった。》

註18（八〇頁）　アリナレ命名方式　『百済の王統と日本の古代』　兼川　晋

（兼川先生の著書では「アレナレ」と表記されているが本書に於いては「アリナレ」の表記を採用している。）

P65《多羅出身の神功と武内宿禰は大善寺の熊襲を滅ぼした後、どうしたかというと、筑後一宮・高良大社に伝えられる『高良玉垂宮神秘書・同紙背』、別名「高良記」とも呼ばれる文書の第五三三条には「大善寺ノコト」として次のことが書かれている。

高良大并《ボサツ》　タイタウ　アレナレ河ト云《イフ》所ヨリ、御フ子《ネ》ニメシ、チクセンウミノカウチヱ
　ツキ玉フ、ソレヨリ　クハウクウトトモニ、ミヤコヱ　ノホリ玉フ、クハウクウ御ホ
ウキヨノノチ、仁徳天皇十七代ニ大善寺ノマエノ川ニツキ玉フ、ハシメテノ御ツキノト
コロナレハ、タイタウ御フ子ヲ　イタシ玉《タマフ》、河ノ名ヲ　カタトリテ、カノトコロヲハ

アレナレ河トハ　名付ケタリ、・・・・
意味は「高良大菩薩は、大東のアレナレ河と云うところから御船に乗られ、筑前の宇美の河内へ着き給うた。それから神功皇后とともに都に上り給うた。神功皇后御崩御の後、仁徳天皇十七代に、大善寺の前の川に着き給うた。始めてお着きの所だったので、御船を出し給うた大東の河の名をとって、そこをアレナレ河と名付けたのだ。……」》

註19（八六頁）　**穴穂部皇子死亡　『日本文化総合年表』（岩波書店）**
p29　太后の弟穴穂部皇子は、587年6月に蘇我馬子に殺される。

註20（八九頁）　**命名の目的**
太后は、弟の思い、継体大王の思い、自らの思い等を一身に背負いながら、何とか、特に誰かの名誉が傷つくことのないようにと考えて、命名の目的を遂げようとしていた。その目的から考えると矢張り、弟間人皇子が傷つくことを一番怖れたと考える。しかし、私は、太后から見て、最も間人皇子に不満のすくない命名ができたように考える。

あとがき

この度、私は、心もとないながら日本史に興味を持っており、間人考の名前で京都府竹野郡京丹後市の一部を間人と呼ぶことになったいわれを述べてみることになりました。

間人という文字をタイザと読むのだと子供のときから教え込まれたので、そのように思い込んでいましたが、小学校を卒業するころになると、どうしてこの「間人」という文字が間人（タイザ）と読めるのだという疑問に行き当るようになりました。その後、間人の皇女と弟の間人の皇子との話につき当たりましたが、それでもなお間人がタイザと読み得るのだろうかという疑問に打ち勝つことができず、苦しんだのです。

しかし、今回の『間人考』出版にあたって、名付けの苦しみを味わいながらも、ようやく韓国で発生した四県分譲を通じて、名付けの要点に到達し得たと考えることができるようになりました。

賢明な読者の方の中には、もっとすばらしい回答をしてくださる方がおられるかもわかりませんが、そのような方は是非私にもご教示くださるようお願いいたします。

二〇一六年　師走

谷　五佐夫

書道展にて（出展作の前で）

須磨観光ハウスにて（1998年6月）

人生で最も世話になったのに、何もしてやれなかった者 五佐夫より、

亡妻 美籠に本書を捧げる。

平成二八年六月三日

著者略歴：　谷　五佐夫
昭和 6 年9月　京都府竹野郡間人町に生まれる
昭和 25 年3月　京都府立宮津高等学校卒業
昭和 26 年4月　京都大学文学部入学
昭和 27 年4月　京都大学法学部へ転学部
昭和 30 年3月　同大学卒業
昭和 30 年4月　大阪府主事補採用
昭和 40 年3月　大阪府退職
昭和 40 年4月　司法修習生採用
昭和 42 年4月　弁護士登録　以降、弁護士として活動

自伝的歴史考察　間人考《たいざ》

2016 年 12 月 23 日　初版第 1 刷発行

著　者　谷 五佐夫
発行者　金井一弘
発行所　株式会社　星湖舎
〒 543-0002
大阪市天王寺区上汐 3-6-14-303
電話　06-6777-3410　FAX 06-6772-2392
装丁･DTP　河村俊彦
印刷･製本　株式会社 国際印刷出版研究所

printed in japan　ISBN978-4-86372-085-5